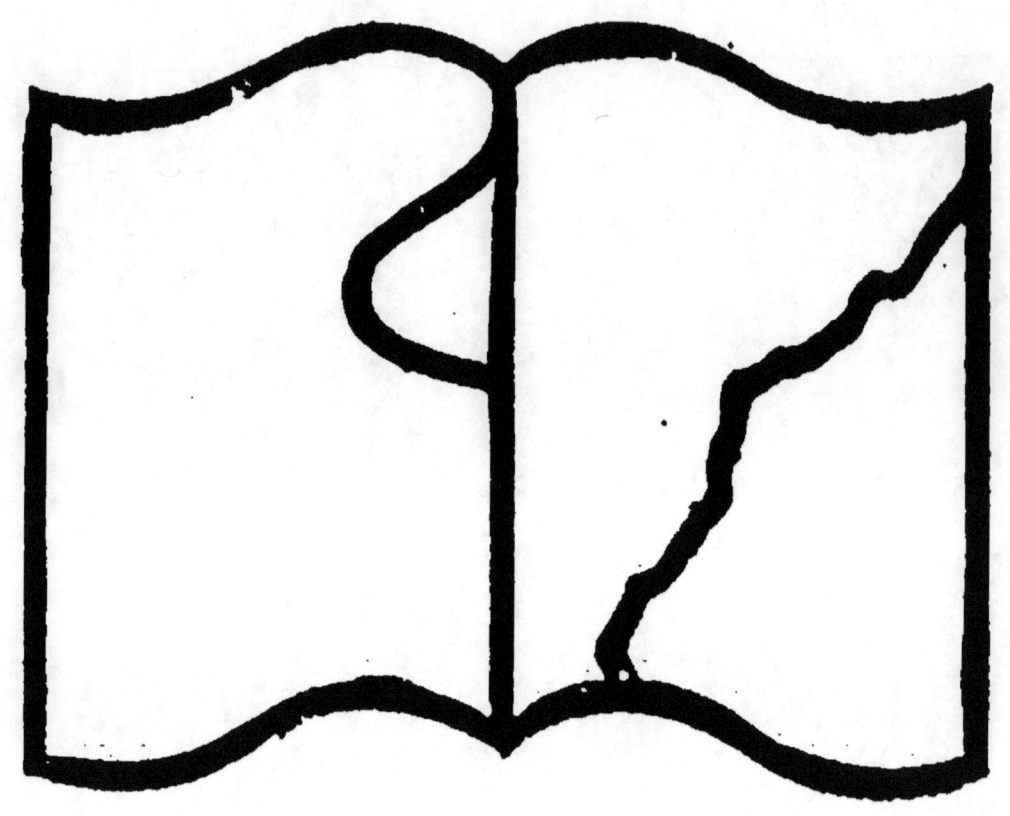

R 8737

...ris, ami
...int un
crânes ».
... que tu n'entends être un « videur de crânes » ni un « défaitiste ».

Lis ces pages et médite.

C'est encore temps...

(Ce 4 Juillet 1917.)

Edouard POUBAIN...

AUX POILUS !

Contre la Démoralisation

EN VENTE CHEZ L'AUTEUR
77, Grande-Rue
CHAMPAGNOLE (Jura)

PRIX
L'exemplaire
0.75
Port en sus : 10 cent.

Les 10 exemplaires
7 francs franco

Les 100 exemplaires
60 francs franco

Edouard POULAIN

AUX POILUS !

> Celui qui t'écrit, ami soldat, n'est point un « bourreur de crânes ».
> Pas plus que tu n'entends être un « videur de crânes » ni un « défaitiste ».
> Lis ces pages et médite.
> C'est encore temps...
> *(Ce 4 Juillet 1917.)*

Contre la Démoralisation

EN VENTE CHEZ L'AUTEUR
77, Grande-Rue
CHAMPAGNOLE (Jura)

PRIX
L'exemplaire
0.75
Port en sus : 10 cent.

Les **10** exemplaires
7 francs franco

Les **100** exemplaires
60 francs franco

DU MÊME AUTEUR :

Pourquoi et quand vaincrons-nous ? 2ᵉ édition.
  1 volume, franco . . . . 1 fr.

Réfutation des treize rumeurs infâmes contre le clergé français, 2ᵉ édition, 1 vol., franco . . . 1 fr.

Contre le Cinéma, école du vice et du crime.
Pour le Cinéma, école d'éducation, moralisation et vulgarisation. 1 vol., **3 fr.** (Port, 0 fr. 40.)

En vente *chez l'auteur, à Champagnole, 77, Grande-Rue.*

A répandre au front la grosse brochure de Santo, 131, rue de Vaugirard, Paris (15ᵉ) :

CONTRE LE CAFARD
1 franc

Elle m'arrive au moment du tirage.

Conçue très différemment de la mienne, elle n'est pas moins utile.

C'est un coup de clairon qui sonne juste et clair des airs d'espérance et de réconfort.

E. P.

Une revue mensuelle très intéressante, fort judicieuse et instructive, c'est l'Idéal (Directeur : le P. Coubé) 5 fr. par an. 53, avenue Bosquet, Paris.

Publications recommandées de **J. Santo**, ancien conseiller municipal de Nancy, 131, rue de Vaugirard, Paris. En vente chez lui :

Les crimes allemands et leur châtiment	3 50
Qui paiera la guerre ? l'Allemagne !	0 50
O France, reviens à Dieu	0 60
Debout, toute la France, pour la victoire !	0 25
Retour à Dieu par l'épreuve	0 25
Sous les ailes de la victoire	1 »
A la gloire du clergé français	0 50
Les méfaits de l'Anticléricalisme pendant la guerre	0 50
Il y a un Dieu	0 50
L'Arsenal des catholiques	3 »

REVUES INTÉRESSANTES ET A RÉPANDRE

Le sou de la Presse, St-Louand, à Chinon.
L'apôtre laïque, 40, rue St-Sulpice, Paris.
La Bonne nouvelle, 1, rue du Louvre, Paris.
La Réponse, 82, rue Bonaparte, Paris.
L'Œuvre Française d'Urbain Gohier, 5, rue du Pré-aux-Clercs, Paris.

Demander à M. Ernest Chapes, éditeur à Lourdes :

1º Le propagateur Reims-Lourdes (bulletin mensuel pour aider à la diffusion de la bonne presse et faire le bien), 1 fr. 50 par an.

2º La brochure d'E. Faure : La Repopulation de la France, **0 fr. 60**.

3º La brochure d'Edouard Poulain : Gare au Cinéma ! **0 fr. 30**.

En publiant ces lignes douloureuses, j'ai la conviction de rendre service à la Patrie.

Car elles éviteront à moult poilus de succomber sous l'emprise et la suggestion malsaines du mauvais camarade, de la forte tête, du journal suspect ou de la littérature à la morphine. En outre, à certains de ceux qui se seraient laissés entraîner et contaminer, elles inculqueront des idées conformes à la réalité des choses et dès lors démoliront en leurs cerveaux les dangereux sophismes dont ils ont été nourris par quelques débineurs. Enfin elles enseigneront des répliques péremptoires aux bons soldats qui sentent en leur cœur le besoin national de réagir contre la démoralisation et d'enrayer certain mouvement.

Ces pages sont donc triplement utiles.

J'en fais le très respectueux hommage à tous les défenseurs de la Patrie et plus spécialement aux six vaillants soldats que tout Français porte dans son cœur : le maréchal Joffre, les généraux Pau, de Castelnau, Foch, Pétain et Gouraud, six gloires de la France.

Que ces pages soient répandues à profusion sur le front ! Que chacun en comprenne la nécessité patriotique !

4 juillet 1917.

E. P.

Contre la Démoralisation

AUX POILUS

Dans toutes les armées belligérantes, il existe une quantité de soldats démoralisés qu'ont fini par vaincre tant les souffrances physiques et morales que la longueur de la guerre. L'Armée française, qui a tenu tête héroïquement jusqu'ici à l'invasion germanique et a supporté le plus lourd poids du conflit, renferme en son sein, fatalement et comme les autres, de ces démoralisés, de ces pauvres abattus de la lutte.

M'étant rendu ces jours-ci à Lyon, à Bourg, à Lons-le-Saunier et à Besançon, j'ai pu me convaincre une nouvelle fois, au cours de ce voyage de huit jours, qu'il règne chez certains de nos soldats un *mauvais état d'esprit*. Il m'est clairement apparu que germait là-dessous un *danger national*, que dès lors il convenait à un publiciste de tenter dans son humble sphère *de l'enrayer*. Faible voix que la mienne, c'est possible, c'est même certain ; mais les efforts réunis aboutissent, les gouttes d'eau font l'océan, et une unité n'est jamais négligeable.

Que des soldats soient tombés bas moralement et tiennent des propos criminels, ce n'est un secret pour personne. Aussi je prie avec courtoisie la censure de ne pas caviarder mes lignes. Il m'est impossible, en effet, d'élever les âmes, réconforter les cœurs et réfuter les propos démoralisants si elle taille ma prose avec ses grands ciseaux et, par des blancs répétés, la rend méconnaissable et incompréhensible. Qu'elle ne m'entrave donc pas — je le lui demande au nom de la Patrie — dans la tâche pénible d'écrire sur un sujet aussi ennuyeux et aussi délicat..., surtout que j'ai garde de dire ce qui doit être tu.

Que voit-on, qu'entend-on dans les trains bondés de permissionnaires, dans les gares, dans les villages, dans les villes, partout ?

Quelques soldats dégoûtés, indisciplinés, prêts à la révolte. C'est douloureux de de constater. Chacun peut s'en rendre compte. Ces soldats affectent de ne pas saluer les officiers parce que ceux-ci représentent l'autorité ; ces soldats insultent les gendarmes parce que ces braves pandores représentent l'ordre public ; ces soldats tiennent des conversations qui démoralisent leurs camarades et les civils. Ils font ainsi, inconsciemment, le jeu des Allemands, trahissent non moins inconsciemment la patrie. C'est là un symptôme extrêmement alarmant contre lequel les pouvoirs publics ne sauraient réagir avec trop d'énergie. On ne peut donc qu'applaudir au mâle langage du Ministre de la guerre quand il affirme qu'il ne laissera pas fléchir la discipline.

Quelques autres mobilisés agissent en connaissance de cause et par conséquent mériteraient d'être fusillés pour semer le découragement et la rébellion à un moment aussi grave. Les nécessités de l'exemple devraient primer les suggestions de l'indulgence et inciter à ne pas laisser s'accroître le mauvais esprit, mais à refréner les abominables excitations antipatriotiques qui produisent de déplorables fruits, à combattre le poison de la lâcheté et de la révolte, les voix perfides et le « cafard » des tranchées.

Je laisse de côté cette dernière catégorie, composée de misérables et vils individus (j'ai eu en wagon une altercation orageuse et violente avec quelques-uns, je parle donc par expérience) et je vais me limiter aux déprimés, aux égarés de bonne foi, aux intoxiqués par la contagion du mauvais exemple, aux découragés qui sont au fond de braves gens. A ceux-ci je vais répondre avec bonté dans l'espoir de les relever. Je serai bref, mais précis.

Écoute, ô mon frère, je vais te parler avec la main sur le cœur, comme on parle à quelqu'un que l'on aime et à qui on ne veut que du bien.

*
* *

I. J'ai entendu dire :

« La guerre dure trop longtemps. J'en ai assez. Je ne veux plus marcher. »

A la vérité, c'est d'une longueur déplorable, mon cher soldat, et tous nous comprenons la lassitude qui t'empoigne, la nostalgie du pays qui te torture. Que de dures fatigues, de continuelles privations et le danger permanent aient fait de toi un « grognard », chacun le conçoit. Mais les Boches aussi en ont assez ! Crois-tu qu'ils sont moins las que toi ? Et cependant ils ne lâchent pas. Pourquoi ? D'abord parce qu'ils ont une discipline de fer (la discipline est la force *principale* des armées, ne l'oublie pas, et donc sache obéir, il le faut), ensuite parce qu'ils aiment leur pays d'un véritable culte et ont de l'énergie morale, enfin parce qu'ils comprennent que la nation vaincue ne se relèvera pas, que sa défaite sera la ruine. Voilà pourquoi ils tiennent bon, malgré tout le noir qu'ils broient, malgré les horizons pour eux chargés de nuages morbides, malgré la culbute qu'ils craignent et envisagent. Il sont encore très solides quoique se sentant vaincus en dépit de leurs fanfaronnades et voyant s'effriter par morceaux le formidable attirail de leur puissance militaire. Ils n'ont certes pas ton espoir, ô mon frère, et cependant ils marchent. Et toi, soldat français, qui crois avec raison en la victoire, tu refuserais de marcher? Tu te conduirais moins bien qu'un Boche? Après trois ans de merveilleuse endurance, tu fléchirais à la veille du triomphe et tu rendrais inutiles tous les sacrifices généreusement consentis? Tu assassinerais ta Patrie? *Non, jamais je ne croirai cela de toi qui as du sang, qui as du cœur!*

Combattre ne saurait dépendre de ton arbitraire; combattre est ton devoir.

Prie Dieu de te donner courage. Songe à ceux que tu aimes. Garde-toi de semer la rébellion et le vent de la débine. *Ne fais pas le jeu de l'ennemi qui, incapable de gagner la partie, n'attend qu'un moment de défaillance pour crever le front, nous asservir et nous martyriser!*

C'est sa seule carte de salut.
Et tu la lui mettrais en main?
Réfléchis.
Non! jamais tu ne commettras ce crime, le pire de tous.

De grâce, ne cause donc plus dans les wagons,

dans les gares et ailleurs, comme cela t'arrive quelquefois.

C'est bientôt le bout. Ne ploye pas. Les Américains s'apprêtent à venir pour te soulager. Patience encore un peu. Arrière le cafard ! Garde-toi d'être plus tard maudit par ta grande famille, la France, et par ta petite famille à toi, d'être empoigné par le remords qui assombrirait le restant de tes jours et les empoisonnerait.

A ton devoir, petit soldat de France. Courage encore ! Courage toujours !

Et alors, tu rentreras au foyer, non pas en vaincu, mais la tête haute, la mine fière, l'âme satisfaite et libérée.

Sus aux Boches ! Sus aux bandits qui incendient ton bien, égorgent tes frères, violent ta femme, mutilent tes enfants !

Leurs crimes crient *vengeance*.

Surtout que les Allemands sont les *agresseurs*. Garde-toi d'oublier qu'ils ont envahi notre pays sans motif avouable pour l'absorber, s'enrichir à nos dépens, nous tenir sous leur joug. Garde-toi aussi d'oublier cet aveu d'un écrivain en renom d'Allemagne, Maximilien Harden, en réponse aux dénégations mensongères de ses compatriotes : « A quoi bon de misérables excuses ? Oui, nous l'avons provoquée, la guerre ; nous nous en réjouissons. Nous l'avons provoquée parce que nous étions sûrs de la victoire. »

Loin de capituler, fais-les crever, mon frère !
Ils n'avaient qu'à rester chez eux...
Car nous ne les avons pas défiés.

Vaincus en 1870 et amputés de l'Alsace-Lorraine, nous avions reconstitué notre santé nationale à force d'efforts. Déroulède et ses lieutenants avaient bien rêvé de « *la Revanche* », mais nous n'osions pas la prendre, nous préférions notre molle tranquillité et ne demandions que *la paix dans la dignité*. Vivre en paix, non pas dans l'attitude de l'être asservi et rampant, mais de l'homme debout et libre. Nous n'en voulions pas davantage. Et chaque fois que l'Allemagne nous provoquait, nous nous faisions tout petits et tout doux, bien sages et bien timides pour éviter le craquement d'un conflit. L'Histoire dira même que nous avons trop subi, trop enduré, au mépris de la dignité nationale. Bref, après des années d'insultes, l'Allemagne voyant que nous persistions à garder notre calme ne s'est même plus donné la peine de nous provoquer : elle nous est tout simplement tombée dessus !

Et tu ne marcherais pas ? Tu te laisserais égorger sans même continuer à défendre ta peau ?

Regarde ce que les Allemands ont fait de la Belgique et des départements du Nord. Si tu nous lâchais, ils nous envahiraient de nouveau et plus profondément. D'autres villes seraient mises à sac, d'autres villages incendiés, d'autres femmes et filles outragées, d'autres populations parquées comme du bétail, vouées à la misère, aux coups, à la mort. Ah ! malheureux ! si tu lâchais !...

* * *

II. J'ai entendu dire :

« Il y a des milliers d'embusqués. Ça me met hors de moi. »

Non ! mon cher, cela n'est plus ! A l'arrière tu vois les plus vieilles classes, tu vois des auxiliaires, tu vois les tout jeunes qu'on instruit et tu vois des blessés ainsi que des malades. Il n'y a plus de soldats valides aptes à faire campagne. Cette injustice et cet abus ont depuis longtemps cessé. Tous ceux qu'il était possible d'utiliser sur le front, l'Etat les a récupérés. Tous ceux qui, capables de supporter les tranchées, se prélassaient dans les bureaux ou occupaient de doux emplois, le gouvernement les a dirigés sur les lieux du combat et remplacés par des inaptes ou des vieux.

De ce que tu rencontres à l'arrière des mobilisés à qui sourient la jeunesse et une apparente bonne santé, ne conclue pas. Tu n'es pas major, je suppose. Chacun son métier. Ces mobilisés ont des infirmités secrètes, des tares physiques que tu ne soupçonnes pas et qui sont une entrave à leur envoi dans la zone des armées. *Loin de servir à quelque chose, ils encombreraient les ambulances.* Non ! ne te monte pas la tête !

Certains journaux dénoncent tous les jours des embusqués imaginaires : ce qui te met en fureur. Il est un organe qui, à cette besogne de démoralisation, touchait la forte somme. L'Allemagne cherche à abattre ton moral ; voilà tout !

*
**

III. J'ai entendu dire :

« J'aime autant être Boche que Français, pourvu que ça finisse. »

Encore une erreur :

Tu sais que, en soldats et en matériel, les alliés sont plus forts actuellement que les Empires centraux. C'est l'inverse de ce qui s'est passé en 1914 et 1915. Tu sais aussi que le nombre des soldats anglais augmente chaque semaine, que les Américains vont nous envoyer des troupes nombreuses et que nous deviendrons ainsi, non plus seulement extrêmement solides, comme nous le sommes aujourd'hui, mais capables d'enfoncer le front allemand et de débander les cohortes teutonnes comme un troupeau de moutons. Oui, tu sais cela. Les journaux te l'ont appris. Il est vrai que tu ne crois pas aux journaux par toi si aimablement baptisés de « bourreurs de crânes ». Mais tu crois en ton généralissime — un homme, celui-là ! — il te l'a dit aussi. Tu crois en le général de Castelnau, une lumière de l'armée, qui te l'a dit aussi. Tu crois en le maréchal Joffre qui l'affirme également. Donc, c'est vrai.

Déjà une division américaine a débarqué en France. Ne me dis point : « Je ne l'ai pas vue », car je te répondrais du tac au tac. Je te demanderais : As-tu vu la ville de Pékin ? Elle existe néanmoins ! As-tu vu le Kaiser ? Le monstre vit pourtant !

Le moment approche où la force des Alliés sera colossale.

Eh bien ! Du moment où nous sommes absolument certains du triomphe, il n'y a donc que ta faute, à toi Français ou allié, qui le pourrait éloigner. Seule ta défaillance empêcherait de vaincre.

Or, en cette hypothèse de la défaite, ne t'illusionne pas, mon ami : *tu ne serais ni Allemand, ni Français, tu serais esclave.*

Pas moins !

Pas plus !

Les Boches ragent de ta glorieuse et longue résistance ; *ils te la feraient payer cher ! Ah ! tu la sentirais passer !*

As-tu bien compris, cette fois, pourquoi il ne

faut plus dire : « J'aime autant être Boche que Français » ?

Cela te plairait-il d'être malmené comme une bourrique par le Prussien arrogant et inhumain ?

**

IV. J'ai entendu dire :

« Après tout, les Allemands sont des hommes comme nous. »

Pas mon avis.

Oh ! mais non !

Je me méfie des prêcheurs de fraternisation internationale surtout depuis que je les ai vus à l'œuvre... Si la première année de la guerre nous avons manqué de canons lourds et de mitrailleuses pour empêcher l'invasion, c'est parce que ces faux apôtres nous avaient endormis dans une sécurité trompeuse. Pendant ce temps l'armée allemande construisait un matériel considérable pour nous broyer les os !

Nous avons donc été les victimes de l'impréparation, les dupes de nos errements.

Oui, mon cher, nous nous étions mis à ronfler sur le mol oreiller de l'imprévoyance. Et le 2 août 1914, tu sais, ce fut le réveil en musique... Peu s'en fallut que la meute nous couchât tous sous son fouet et nous écrasât de sa botte !

Fais donc attention à ces bonshommes de la fraternisation avec la Bocherie. Moi je m'en éloigne comme de la peste. Le choléra ne me dit rien qui vaille...

Je crois à la devise des anciens : Si tu veux être respecté, sois fort. Si tu veux la paix, prépare la guerre. *Si vis pacem, para bellum.* Et non pas, comme ont rêvé les utopistes : *Si vis pacem, pars à Stockholm !* (Avec et sans jeu de mots...).

Franchement, nous ne pouvons pas nous comprendre avec les Allemands et pas devenir amis avec eux. D'abord, parce qu'ils nous en ont trop fait et que le crime appelle à la fois châtiment et réparation. Ensuite parce qu'il ne règne, entre eux et nous, aucune identité de goût, aucune uniformité de sensations, aucune satisfaction de mêmes besoins ; parce qu'il y a, par contre, incompatibilité de mœurs, de conceptions et de tempérament.

Ce sont des oiseaux de proie voraces, des gens insociables marqués au coin de la déloyauté et de la sauvagerie sanguinaire

Assiste à la revue de leurs troupes avec moi et tu verras si ce sont, comme tu le dis, « des hommes comme les autres », c'est-à-dire des gens civilisés avec lesquels il est possible de causer, de fraterniser, de collaborer.

Suis-moi donc sur le terrain de la revue, regarde et observe :

Des ennemis qui détruisent et incendient sans motif militaire, pour le plaisir de mal faire, ne sont pas des hommes comme nous.

Des ennemis qui se conduisent en goujats et en pourceaux ne sont pas des hommes comme nous.

Des ennemis qui, loin de respecter les populations envahies, les brutalisent, déportent vieillards, femmes et enfants, ne sont pas des hommes comme nous.

Des ennemis qui affament, rouent de coups et font périr tant de prisonniers de guerre, ne sont pas des hommes comme nous.

Des ennemis qui innovent comme procédé de combat les liquides enflammés et les gaz asphyxiants ne sont pas des hommes comme nous.

Des ennemis qui coulent les bateaux neutres et ne secourent pas les passagers ne sont pas des hommes comme nous.

Des ennemis qui, pour épuiser les races française, belge et serbe, coupent les poignets et crèvent les yeux des petits enfants ne sont pas des hommes comme nous.

Des ennemis qui bombardent les ambulances et torpillent les navires-hôpitaux ne sont pas des hommes comme nous.

Des ennemis qui violent les territoires neutres et les règles internationales au mépris de leurs engagements les plus formels ne sont pas des hommes comme nous.

Des ennemis qui terrorisent les envahis, détruisent les richesses artistiques, profanent les temples, se livrent aux brigandages et aux tortures, multiplient les orgies dégradantes, ne sont pas des hommes comme nous.

Des ennemis qui usent déloyalement de l'insigne de la Croix-Rouge et du Drapeau parlementaire, qui utilisent des prisonniers et des otages civils comme bouclier protecteur, ne sont pas des hommes comme nous.

Des ennemis qui, par les avions, répandent des bonbons empoisonnés, ne sont pas des hommes comme nous.

Jamais, jamais, tu entends bien, l'armée et la marine françaises ne commettraient de pareilles et si abjectes infamies !

Non, vois-tu, *ces gens-là sont des bêtes ivres de carnage et de destruction, des brutes et des sauvages hors l'humanité. C'est de la lie à exterminer* pour purger le monde et éviter une nouvelle guerre !

* * *

V. J'ai entendu dire :

« Je ne possède rien, je ne veux pas me faire tuer pour les riches. »

Avoue que ce sentiment est plutôt *bas*.

Tu es malheureux, mon pauvre ami. Tu as ton Golgotha. Mais sois digne !

Tu votes, tu prends part aux affaires publiques, tu as ta portion d'influence dans l'Etat, tu retires de la nation des avantages considérables : des distributions en nature, des secours pécuniaires sous diverses formes, les routes dont tu te sers, la sécurité de ta personne, l'école gratuite pour tes enfants, les lois agricoles et ouvrières, les divertissements publics, l'assistance judiciaire quand tu veux plaider, le médecin, le pharmacien et l'hôpital sans bourse délier quand tu es malade, etc... etc.., Et tu serais étranger à la Patrie? Et la Patrie ne profiterait qu'aux riches ? Et eux seuls, dès lors, devraient repousser les envahisseurs ? Quelle plaisanterie !

Ami, tu te dois au riche comme le riche se doit à toi. Tu as besoin de lui comme il a besoin de toi dans le domaine économique. La collaboration de tous les citoyens est nécessaire pour le bon fonctionnement de la machine sociale, de même que l'alliance du capital et du travail. Il y a entre le possédant et toi un lien indivisible grâce auquel la classe pauvre peut se voir assurer par l'Etat la justice sociale et le bien-être auxquels elle a droit.

Sans harmonie d'activité entre les membres du même pays, celui-ci ne peut être mis normalement en action et dès lors tous ses enfants pâtissent : les indigents comme les personnes au modeste patrimoine et comme les possesseurs de la fortune.

Donc pas d'individualisme.

Si, du point de vue économique, je passe au point de vue militaire et patriotique, je constate encore combien tu es dans l'erreur.

Les citoyens d'une même nation sont et doivent être, devant le malheur commun, solidaires comme les membres du même corps humain.

La subsistance de la Patrie est fondée sur la collaboration active de tous les membres de cette grande famille nationale en proportion de leurs forces et de leurs aptitudes.

Il existe des rapports de dépendance réciproque entre les citoyens comme entre les fonctions qui lient les parties distinctes de leur corps. Associés, ces divers éléments constituent l'être humain.

C'est la même sève vivifiante qui coule en chacun des enfants d'un même pays, c'est le même germe national de vie et de pensée qui les unit les uns aux autres.

Tout Français est donc solidaire des autres Français comme formant avec eux un ensemble, un bloc. Tous pour chacun, chacun pour tous.

De même tout Allemand vis-à-vis des autres Allemands. Les Germains le comprennent à merveille. Et toi, soldat du beau pays de France, tu le comprendrais moins bien qu'eux? Tu serais moins intelligent? Ah! vois comme les Boches savent s'unir et se serrer les coudes pour nous abattre, pour nous flanquer la pile! Et toi, tu songerais à la désunion qui leur permettrait de passer, de percer?

Non! tu ne seras pas si irréfléchi, si simpliste!

Quand tu défends ta Patrie, tu défends le pauvre comme le fortuné, le malade comme le bien portant, l'artisan comme le patron, l'ignorant comme le savant, la chaumière du mendiant comme l'usine de l'industriel, la maison ouvrière comme la propriété bourgeoise, la ferme comme le château.

Quand tu défends ta Patrie, tu défends aussi tes parents, ta femme, tes enfants, ton avenir, ton salaire.

Comment gagneras-tu ta vie après la guerre si l'industriel n'a plus d'ateliers pour t'occuper, plus d'ouvrage à te donner? Comment te logeras-tu si les maisons sont pulvérisées? Comment, toi qui as soif de liberté, pourras-tu respirer à ton aise sous le régime de la schlague?

Tu ne veux pas te battre pour les riches, dis-tu. Oh! grand enfant!

Je suppose que, par ton abstention, tu réussisses à causer la défaite. Eh bien! tu viens de le voir, les résultats de cette défaite t'atteindraient toi aussi quoique tu ne possèdes rien. Tu deviendrais dorénayant un esclave. Je te l'ai dit dans une des pages précédentes ; tu serais traité plus durement encore que ne l'ont été les malheureux Polonais et Alsaciens-Lorrains. Adieu le service militaire doux avec des chefs bienveillants! Adieu la liberté chérie !

Gagnerais-tu au change ?

Méfie-toi des bruits que tu entends et que tu colportes sans réflexion. Ils sont de *fabrique allemande. Les espions les propagent. Ruse de guerre après tant d'autres !*

* * *

VI. J'ai entendu dire :

« Il faut distinguer entre le peuple allemand et ses dirigeants. Ceux-ci sont coupables. Celui-là a du obéir, donc n'est pas responsable. »

Telle n'est pas mon opinion.

Si on m'ordonnait de piller, d'incendier, d'assassiner, je refuserais carrément. Car l'exercice du droit de commander n'est pas légitime quand l'infamie est requise, quand l'honneur est violé. A cette borne s'arrête l'obéissance qui ne la doit point franchir, c'est-à-dire la seule vraie et digne obéissance. Aller plus loin, ce n'est pas obéir, c'est s'associer dans l'abjection.

Si donc on me prescrivait l'accomplissement d'un acte crapuleux, je ne céderais pas. La masse boche pouvait refuser aussi. Il ne tenait qu'à elle. Les gouvernants sont puissants contre des individualités qui s'insurgent; ils ne peuvent rien contre les collectivités, car elles sont les maîtresses de la situation, les reines, et tiennent les hommes haut placés sous leur férule. Tu en as vu cette année un exemple *frappant* : la chute du tsar absolu et des autocrates de Russie. Sous peu ce sera celle des Hohenzollern.

Par conséquent, en exécutant les ordres malhonnêtes de destructions systématiques, de déportations, de tortures cruelles, la classe prolétarienne et la classe bourgeoise de Germanie se sont, par cette action répétée à jet continu, rendues complices des infamies ordonnées par la classe aristocratique et militaire dirigeante.

Pour ce premier motif je réponds qu'aucune distinction n'est à faire entre le peuple et le gouvernement d'Outre-Rhin.

Ce n'est du reste pas le seul motif qui dicte mon opinion. Celle-ci, je l'étaye encore sur les considérations suivantes :

Non seulement le peuple allemand a fait ce qu'on lui demandait, mais il a fait davantage.

Non seulement il a exécuté des ordres, mais de sa propre initiative il a multiplié les faits générateurs du mal et les abus dans l'art d'anéantir les choses et massacrer les gens ; il a poussé ses membres à l'accomplissement de ces exploits, les a glorifiés.

Donc il ne s'est point contenté de faire le mal par obéissance, il a créé un mal supplémentaire par surcroît et a félicité ceux des siens qui ont opéré, les a excités à ces fins.

Je m'explique :

Les petits se sont solidarisés avec les grands, les maigres avec les gras, les humbles avec les puissants. Ils ont montré être animés de la même mentalité et de la même ardeur, façonnés à la même école, saturés des mêmes rêves, dévorés par la même haine, la même voracité, la même férocité. Les simples soldats ont été aussi pillards, aussi inhumains, aussi indignes que leurs chefs. Le brigandage n'a pas sévi que publiquement, il a sévi privativement. D'un côté le combattant a volé tous les objets qu'il pouvait matériellement emporter en permission ; de l'autre côté le haut commandement a fait charger sur les voitures et sur les trains des amas de richesses. Entre ce simple soldat qui a soustrait des bijoux pour son compte personnel et ce haut commandement qui, pour le compte de la Patrie, a fait transporter en Bochie les machines de nos usines, les œuvres d'art de nos musées, les cloches de nos églises et les choses mobilières de nos concitoyens envahis, il a régné une parfaite communion d'idées et de sentiments. De même entre ce simple soldat qui a massacré ou incendié de son propre mouvement et cette autorité qui a fait bombarder des villes ouvertes et torpiller des navires-hôpitaux.

Il y a eu entre tous les Allemands, du haut en bas de l'échelle sociale, un lien remarquable de solidarité.

Les dirigeants et les dirigés ont marché la main dans la main; les manifestations destructives et antihumaines sont l'œuvre d'une *collaboration commune.*

Voilà pour le gouvernement, pour le commandement et pour la troupe.

Passons à l'arrière.

Mais c'est encore de même !

Que vois-je à l'arrière ?

Toutes les classes de la société allemande qui recèlent le butin volé dans les pays envahis. N'est-ce pas une forme de la complicité ?

Que vois-je encore à l'arrière ?

Une population civile qui se réjouit de la piraterie des sous-marins, des zeppelinades et du bombardement de la cathédrale de Reims. Autrement dit une population qui applaudit à des actes réprouvés par les lois internationales et par l'honneur, qui dès lors les fait siens, les épouse.

Que vois-je encore, toujours encore, à l'arrière ?

Un peuple qui, par tous ses journaux et toutes

ses *Revues*, exalte les exploits de banditisme, porte aux nues leurs auteurs.

Ah ! s'il fallait dresser une liste complète de ce que je vois à l'arrière, il me faudrait un volume !

Eh bien ! la solidarité ayant chez tous les Boches existé dans le crime et dans la perpétration de l'outrage envers l'humanité, doit exister aussi dans la répression et dans la réparation.

La déduction s'impose.

Qu'on ne me dise donc pas qu'il faut distinguer entre le peuple et les dirigeants de l'Empire allemand !

Ce distinguo manque véritablement de logique, de clairvoyance et d'équité.

Tous de la même marque de fabrique, tous ! tu entends bien ? Tous !

*
* *

VII. J'ai entendu dire :

« La guerre est chose ignoble. Je la déteste. A bas la guerre ! »

Bravo !

D'accord !

Tu ne la maudiras jamais trop.

Toutefois ta malédiction ne doit pas rejaillir sur tes chefs et sur ton pays qui la subissent comme toi-même. Que tu détestes la guerre, parfait ! Ce n'est cependant pas une raison pour ne plus la faire.

De même que la peste, de même que la famine, elle est la synthèse d'effroyables malheurs, elle fait frissonner d'épouvante et d'horreur, elle arrache, lors des Rogations, cette prière à l'Eglise : *A peste, fame et bello, libera nos, Domine.*

Mais c'est un fait qu'il faut subir en tâchant d'en rendre le retour impossible, ou, à défaut, très lointain. Car vouloir supprimer les conflits sanglants d'une façon définitive, c'est une ambition légitime, mais irréalisable. En langage technique, cela s'appelle une chimère. La guerre, en effet, existera hélas ! tant qu'il y aura des passions, des haines et des intérêts qui s'entrechoqueront, donc tant qu'il y aura des hommes sur terre. Je n'y puis rien. Toi non plus. C'est inévitable.

Dès lors, quand tu dis détester la guerre, l'ignoble guerre, je fais chorus avec toi, mais ça ne suffit pas. Ce n'est pas à détester la guerre qu'il faut se borner, c'est à en éviter ou à en reculer le plus possible le retour qu'il faut atteindre.

Quand la maladie nous visite, à quoi sert-il de maudire l'altération de notre santé ? La haine du mal n'est pas un remède. Il faut le médecin et le pharmacien pour se tirer d'affaire.

Agissons avec la guerre comme avec la maladie. Il sied, *non pas de causer avec l'agresseur et de nous faire rouler,* mais d'administrer les deux remèdes salutaires, d'adopter les deux médecines rationnelles et efficaces: l'une des méthodes est d'appeler Dieu à notre secours, car Il est le grand guérisseur, le Médecin-Chef; l'autre, c'est, concuremment avec la première, d'éreinter le lutteur pour le mettre dans l'impossibilité de recommencer une nouvelle séance de pugilat. Sinon, demain, nos enfants et nos petits-enfants suivront la route de leurs pères, qui mène à la boucherie ou à l'abattoir...

*
* *

VIII. J'ai entendu dire :

« C'est pour la Russie qu'on se bat. Or, quel malheur ! elle menace de nous lâcher et, même si elle ne nous abandonne pas, elle nous aura apporté un concours illusoire. Ah ! si la France avait su ! »

Encore l'erreur, toujours l'erreur...

Le concours russe a été particulièrement efficace en 1914 et en 1915; les armées du tsar, dégarnies de munitions dès les débuts de la guerre, ont foncé à l'arme blanche sur les Prussiens pour dégager en partie notre front occidental, surtout à l'époque où nous étions envahis avec tant de rapidité. Ce en quoi elles nous ont grandement servi.

Si, depuis mars 1917, il y a des déchirements intérieurs dans le vaste pays de Russie, de l'inaction et de la paralysie dans les armées du dit pays, par suite de l'impuissance, c'est une époque de crise à traverser et il serait injuste de nier, pour autant, le concours qui nous fut apporté — concours, évidemment, qui aurait été encore plus précieux si l'Empire du tsar s'était un peu moins mal préparé à la guerre et si, une fois celle-ci déclarée, il avait su s'organiser et avait eu assez d'usines pour fabriquer des obus en quantité suffisante.

Enfin, de ce que le concours russe est depuis plusieurs mois de poids léger, rien n'autorise à diagnostiquer le lâchage. Bien au contraire. Car, malgré tous les traîtres et les démolisseurs, le gouvernement de là-bas entend poursuivre la guerre jusqu'à la victoire et remettre peu à peu de l'ordre dans tant de désordre matériel et moral. Il faut reconnaître que ses efforts sont avec le temps couronnés de succès. En effet, l'indiscipline et la désertion dans l'armée, ces deux facteurs de la défaite, après avoir atteint un degré inouï de paroxysme, cessent petit à petit de fleurir et l'autorité longtemps désemparée reprend progressivement le dessus. Espérons que l'indiscipline cessera tout à fait. Mais le désordre l'emportât-il, il n'en reste pas moins vrai que le concours russe des deux premières années de la guerre nous a été éminemment utile et salvateur.

J'ai répondu à une partie de l'objection. Reste à répondre à l'autre partie.

Oui, nous sommes allés au secours de la Russie menacée. La loyauté nous le prescrivait. Nous avions avec cette grande nation un traité d'alliance défensive et, en France, les contrats ne sont pas des chiffons de papier, Dieu merci ! Mais nous nous sommes levés bien moins pour sauver la Russie que pour nous sauver nous-mêmes. Nous avons accepté la guerre à nous déclarée, non pas tant pour voler au secours des Russes que pour *assurer notre existence nationale*. Voilà la vérité historique contre laquelle rien ne saurait prévaloir. Aussi quand des rumeurs contraires m'arrivent aux oreilles, je rétorque ces bruits malfaisants et sens une fois de plus quelque perfide manœuvre pour jeter le trouble à l'arrière et le découragement sur le front, j'ai la sensation très nette de louches agissements ayant pour but de nous lasser au point de nous faire accepter la paix allemande et ployer niaisement.

Si nous avions refusé la lutte et laissé égorger l'Europe orientale, il serait arrivé tout simplement ceci : qu'en remerciement de notre lâcheté et de notre aveuglement, nous aurions été assaillis peu après, que l'Empire allemand, après avoir absorbé le gros colosse russe, nous aurait croqués nous aussi...

L'échéance du combat aurait été reculée de quelques semaines et la France aurait été broyée.

Voilà qu'il faut crier haut et répéter sans cesse.

Ne regrettons donc pas notre geste de nous être rangés aux côtés de la Russie pour parer à la menace allemande, au déshonneur et à l'esclavage. A ce geste nous devons le salut.

Il suffit de regarder et de réfléchir un tantinet pour discerner qu'après la pose, par l'Allemagne, de la pierre sépulcrale en Russie, c'eût été la pose de la pierre sépulcrale en France !

Aveugle qui ne le voit !

Borné qui ne le comprend !

Mais hélas ! il faut croire qu'il est beaucoup d'aveugles et de bornés puisque le généralissime Pétain a cru devoir exposer à ses armées les raisons pour lesquelles on se battait. Je le cite :

« On sait trop peu, dit-il, ou on oublie quelquefois trop, pourquoi nous nous battons.

« Nous nous battons parce que nous avons été assaillis par l'Allemagne.

« Nous nous battons pour chasser l'ennemi de notre territoire et empêcher, par une paix solide et complète, qu'une pareille agression se reproduise jamais.

« Nous nous battons parce que ce serait un crime de trahir, par une honteuse défaillance, tout à la fois et nos morts et nos enfants.

« Nous nous battons pour que la paix ramène dans notre pays l'aisance et conjure une gêne qui serait, avec une mauvaise fin de guerre, bien pire que celle dont souffrent les nôtres.

« Nous nous battons avec ténacité, nous nous battons avec discipline, parce que ce sont les conditions essentielles de la victoire ».

— Qu'il me soit permis d'ajouter que nous nous battons aussi pour ne pas subir la germanisation, c'est-à-dire l'esclavage avec toutes ses souffrances matérielles et morales, pour ne pas laisser ensevelir le droit, la justice, la liberté et la civilisation sous la pelle d'immondes conquérants, pour conserver la France aux Français.

Enfin, ceux qui sont chrétiens ne se battent pas que pour la France, mais pour Dieu aussi, car la culture germanique est le contrepoids de la doctrine catholique.

* * *

IX. J'ai encore entendu dire :

« Les civils, vous dites de tenir. Vous êtes étonnants vraiment ! Mais si vous vous engagiez ? On verrait bien comment vous tiendriez ! »

L'objection est puérile nonobstant sa solidité apparente et trompeuse. Elle a été faite à beaucoup. Elle l'a été aussi à moi-même, en chemin de fer, mais elle ne m'a pas démonté. Voici ce que j'ai répondu, voici comment je l'ai pulvérisée :

J'ai neuf enfants, rien que neuf. Ce n'est donc pas précisément ma place dans les tranchées... Et puis, grâce à mon cerveau et à mon porte-plume, je fais à l'arrière et sur le front du bien meilleur ouvrage que je n'en pourrais faire dans les gourbis. Je claironne, en effet, comme Santo et d'autres, des airs d'espérance et de réconfort, je relève les âmes, je fortifie les courages, je combats les poisons et tous les pourrisseurs, j'aide de toutes mes forces au relèvement moral de la France et je seconde les combattants. Ce en quoi je montre du *sens national* et fais œuvre aussi saine qu'utile. Car, Dieu merci ! je ne suis pas de ces égoïstes qui ne font rien pour leur patrie, de ces noceurs qui ont assez peu de cœur pour s'amuser pendant que la belle jeunesse souffre et se fait tuer pour la France. Il ne suffit pas, en effet, de soldats de l'avant pour courir sus aux Boches, il faut encore des soldats de l'arrière pour maintenir les forces morales et les énergies viriles du Pays. Les uns et les autres sont nécessaires et se complètent. J'ai fait mon devoir et continue à le remplir. Si, vous tous qui m'interpellez, vous faisiez aussi le vôtre ? Quand j'écris, j'ai le sentiment de ma responsabilité vis-à-vis de mes concitoyens et de mon pays; quand, vous autres, vous tenez des propos inqualifiables, si vous aviez aussi le sentiment de la vôtre ?

Laissons ma personne maintenant et la réplique que je fis en wagon à des soldats permissionnaires animés d'un fort mauvais esprit.

Passons aux autres civils.

Il en est, de ces civils, qui, par l'âge ou les infirmités, sont incapables de faire campagne. C'est donc ridicule de leur jeter à la face : « Venez au front donner l'exemple au lieu de prêcher par la parole ! On verra bien alors si vous resterez d'avis de tenir, si vous serez si malins ! »

Non ! cette objection est stupide. Parce qu'un perclus de rhumatismes, un cardiaque ou un vieillard ne sert point et ne peut point servir dans la zône des armées, il n'aurait pas le droit de conseiller la résistance jusqu'au bout ?? Il devrait se désintéresser de l'issue de la guerre ?? Comment un être sensé peut-il bien formuler une objection aussi inepte ? Elle démontre que les souffrances morales et physiques dépriment un homme et le font déraisonner parfois.

Et puis, que fais-tu, soldat, de la vie économique du pays ?

Elle offre pourtant sa part d'intérêt, absolument comme la vie morale et comme la vie militaire. Il faut des civils pour fabriquer du matériel de guerre, pour entretenir l'armée et la population civile, pour faire pousser du blé et des céréales, pour soigner la vigne, pour pratiquer l'élevage des bêtes à cornes, pour aider le commerce et l'industrie à sortir du marasme, pour rendre la justice, pour percevoir les impôts, pour administrer le pays, pour préparer l'après-guerre, en un mot pour faire fonctionner la machine sociale du bas en haut de l'échelle. Tout le monde ne peut pourtant pas être soldat ! Comment mangerais-tu s'il n'y avait personne derrière toi pour te nourrir ? Comment te défendrais-tu contre les Boches si le personnel des usines était dirigé sur le front ? Donc il faut des non-mobilisés : c'est un besoin national.

Pourquoi refuser à ces citoyens le droit de prendre part aux émouvantes péripéties de la lutte, de s'intéresser aux conjectures de la patrie, d'aider les soldats de leurs conseils, de les fortifier de leurs encouragements, de les mettre en garde contre le péril de la démoralisation et celui des manœuvres antinationales ? Mais ce n'est pas qu'un droit qu'ils possèdent, c'est un devoir qu'ils accomplissent et un devoir sacré !

Quant à moi je suis heureux de le pouvoir efficacement remplir. Que, ce faisant, je plaise aux uns ou déplaise aux autres, je n'en ai cure. J'ai conscience de faire beaucoup de bien en aidant les soldats à tenir et en contribuant à la rénovation morale de la France. Cette satisfaction intime me suffit.

*
**

X. Maintenant que j'ai répondu le moins mal que j'ai pu à tes objections écloses de la longueur de la guerre, à tes grognements nés de la souffrance, permets que j'attire, tout particulièrement et [de façon expressive, ton attention sur des faits de la plus haute gravité.

Le complot contre la France
Gare aux pièges de la bocherie !

Pour te pousser à la désobéissance envers les chefs et te suggérer de déposer les armes, des mains criminelles travaillent par dessous.

Les unes écrivent dans *des journaux et des revues visiblement d'inspiration allemande, Boches d'allure, d'arguments, de tendances et de ton.* Une arrestation sensationnelle a été opérée dans le monde de ces vendus de l'encrier : un publiciste avait touché 150,000 fr. de l'Allemagne, par la voie suisse, pour jeter le désarroi parmi nous. Son torchon a été suspendu jusqu'à nouvel ordre par le gouvernement de la République

Les autres répandent et collent çà et là dans les gares des petits bouts de papier rectangulaires sur lesquels on lit : « Assez de tués ! La paix ! » Ce sont des *papillons boches!* Ils font partie intégrante de ces nombreuses menées sournoises qui tendent à ruiner la confiance du Pays, à ébranler l'esprit de devoir dans les troupes, de ce complot sourd, de cette campagne perfide et habilement menée qui a pour but de démoraliser l'armée et d'acheminer la France vers une paix boiteuse, honteuse, dont notre nation serait la délicieuse et ineffable dupe....

Méfie-toi.

Ah ! que tout cela est misérable !

L'Allemagne, ne pouvant nous vaincre par les armes, multiplie ses efforts près de certains mauvais Français et prodigue son or pour amener l'émeute dans le peuple et la révolte sur le front ; elle y travaille ferme et avec opiniâtreté ; elle accélère le mouvement et se dépêche avant que la grosse armée américaine puisse être instruite et entraînée. Nous étrangler avant l'arrivée du puissant et colossal renfort des Etats-Unis : tel paraît être son plan.

Sachons déjouer ses calculs. Mais pour cela ouvrons l'œil et le bon. On ne saurait être trop clairvoyant et trop méfiant avec des gens qui chiffonnent les traités les plus solennels. Quand donc arrivera le jour où l'Allemagne nous dira ; « En voilà assez de la guerre. Faisons la paix sans annexions et sans indemnité. Désarmons tous ensemble. Instituons l'arbitrage obligatoire. Embrassons-nous pour sceller notre réconciliation. Nous sommes tous frères. » Oh ! alors, ami, dis-toi sans l'ombre d'une hésitation : Supercherie ! Coquinerie après tant d'autres ! Caïn le fratricide était aussi le frère d'Abel !

Tu peux t'attendre à l'abdication du Kaiser (ce sera un moyen pour faire réussir la manœuvre), à la transmission de son sceptre entre les mains du Kronprinz, le battu de Verdun, ou bien à quelque gros événement, *à quelque coup de théâtre qui permettra de nous tendre le piège avec chance de succès.*

Je crois à une fourbe initiative des empires centraux, à une manœuvre théâtrale sensationnelle. Non seulement l'ennemi se dira prêt à abandonner les territoires envahis et à désarmer, mais encore il surenchérira sur les déclarations pacifistes du Soviet russe et sur les appels du président Wilson à la Société des nations. Ce piège, je te le répète, pourra nous être tendu avant que la puissante armée américaine en formation puisse nous être envoyée, et ce traquenard malhonnêtement posé n'aura d'autre but que de tromper les Alliés, que de provoquer l'indiscipline et la rébellion dans leurs armées, ainsi que des mouvements populaires, des émeutes, la révolution même, dans les pays de l'Entente. Plan infâme, donc réprouvé par l'honneur, mais plan habile.

Soldat français, ne sois pas dupe !

Le sale Boche te prend pour un jobard, pour un niais ; tu sauras lui signifier à la française que le rôle de « poire » ne sied point à ta perspicacité et à ta dignité.

Certes tu sauras découvrir la façade, ne pas te laisser attirer par le miroir.

Certains politiciens se mêleront à l'international mouvement en ayant soin de se tenir à l'abri du danger ; quelques-uns, bien connus, s'en mêlent déjà, poussant ainsi à l'odieuse besogne de la démoralisation, trahissant la Patrie comme jadis Judas livrait son Maître pour trente deniers, servant à coups de pots de vin les intérêts allemands, préparant de la sorte la paix allemande, c'est-à-dire la mort de la liberté et de la civilisation, notre humiliation et notre ruine, le joug teuton sur le monde, l'hégémonie de la Prusse.

Quand je vois ces écrivains plus ou moins métèques, ces politiciens tarés et ces commis-voyageurs en trahison s'affubler d'une peau française pour masquer leur promiscuité avec l'ennemi et leur but abominable, je ne puis m'empêcher de songer aux soldats du Kaiser quand ils se glissent dans nos lignes en endossant nos uniformes....

Au surplus, comme M. Ribot, je n'admets pas un Etat dans l'Etat. Il n'appartient pas à un parti d'aller négocier les conditions de paix à l'étranger, surtout à un parti qui, partout en Europe, est en forte minorité. Abandonner le terrain national, c'est glisser sur une mauvaise pente. Avant d'être disciple de l'Internationale, qu'on soit Français d'abord ! Un parti ne représente pas le Pays, si tapageur soit-il. Seul le Gouvernement représente le Pays et donc, seul aussi, a qualité pour négocier. Sinon c'est un parti imposant ses décisions aux autres partis qui n'en veulent pas, c'est le désordre, c'est l'anarchie, c'est la Constitution violée. L'intrusion du socialisme international dans la politique française est chose intolérable, outre tableau chargé de nuages noirs prêts à crever. Des gens qui usurpent un mandat que personne ne leur a conféré, qui se substituent au Gouvernement, qui travaillent contre la France en allant s'entendre avec ses ennemis, ah ! voilà bien un spectacle profondément immoral et écœurant ! Et que voilà encore un événement extrêmement dangereux contre la Patrie, un péril national, un défi à l'Union Sacrée et au Patriotisme !

Un publiciste de grand talent, M. Léopold Reverchon, écrit à ce sujet : « Il n'est question, dans les nouvelles qu'on laisse filtrer à travers l'écumoire de la censure, que de « camarades » et de « principes socialistes ».

L'opinion publique française trouve que l'on abuse un peu en ce sens.

Elle sait que les événements ont démontré le manque de clairvoyance absolu des socialistes avant la guerre. Elle sait que la moitié de leurs représentants ont émis, il y a quelques semaines à peine, un vote déplorable contre le gouvernement français. Et elle trouve que leur « Parti » n'est pas qualifié pour aller négocier, dans des cénacles irresponsables, des accords au nom de principes dont la conduite des « camarades allemands » a démontré l'inanité !

L'opinion publique reprendrait volontiers le mot historique du duc d'Aumale pour dire aux missionnaires du groupe unifié... en deux tronçons : « *En ce moment, messieurs, il n'y a pas de camarades, il y a la France!* »

De ce que les démolisseurs de la cité possèdent une vitalité prodigieuse et font tache d'huile dans les milieux civils et militaires, ce n'est pas un motif pour tolérer leur propagande antinationale et criminelle, pour oublier la sécurité intérieure du Pays.

Honte aux désorganisateurs des nations de l'Entente, aux individus qui affaiblissent le moral, désagrègent grâce aux subtilités de la politique et se font, par leur déprimante besogne, les artisans du Kaiser !

En pensant à ces défaitistes, à ces vendus, le cœur est soulevé de dégoût. Et on souffre atrocement à l'idée que la paix de ces gens-là, s'ils réussissaient, serait pour la France le commencement de sa fin...

Ce n'est pas Richelieu qui aurait toléré un Etat dans l'Etat ! Beaucoup d'autres non plus ! Il est vrai qu'autrefois il y avait des principes : principes d'autorité, principes d'ordre public et autres. Force sera bien de les rétablir prochainement ! Les événements se chargeront d'y contraindre !

Tu m'as compris. J'ai certes été clair. A toi maintenant de veiller sur tes frères d'armes, de leur inculquer des notions exactes sur la situation, de leur faire toucher du doigt les réalités. La vigilance s'impose.

Explique donc à tes compagnons de tranchée que la Bocherie va manœuvrer de telle sorte qu'ils soient poussés à dire : « Puisque l'Allemagne promet de désarmer, puisqu'elle nous offre la restitution des territoires envahis, ne nous demande aucune somme d'argent, mais la paix et l'arbitrage, pourquoi refuser de si belles offres ? Pourquoi continuer la lutte ? Lâchons donc, plutôt que de nous faire bêtement tuer ! »

Oui, explique à tes amis que voilà crûment la décision que la Germanie veut leur arracher. Ainsi elle échapperait à la réparation des dommages et au châtiment. Ainsi nous serions roulés et la France croquée, ruinée, asservie par les loups ravisseurs déguisés en brebis...

Ami, recommande autour de toi qu'on prenne garde à la paix blanche, aux appeaux de Guillaume !

Pour avoir une paix durable, stable, qui ne soit pas un marché de dupes, il n'y a point le choix des moyens. Le seul vrai, le seul réel, le seul efficace : c'est d'abord de vaincre ! Ensuite ce sera de ne pas retomber dans les errements d'avant-guerre !

La paix et un fantôme de paix, ça fait deux ! *non unum et idem !*

Enseigne bien cela aux amis.

Montre-leur clairement le danger qui menace la France.

Il a été procédé à la distribution clandestine d'écrits pacifico-révolutionnaires absolument alarmistes et infâmes intitulés, l'un : « *Du pain ou la paix* », l'autre : « *La grève contre la guerre* ».

Ceux qui ont écrit et propagé ces pamphlets honteux mériteraient douze balles dans la peau.

Fais disparaître ces ignominies s'il t'en tombe sous la main. C'est pour la Nation !

Fais-toi aider dans ton apostolat patriotique par les meilleurs et les plus éclairés de tes frères d'armes. Il y a de si belles âmes dans tes compagnons ! Il y a de si braves cœurs !

Qu'ils te donnent un coup de main ; qu'ils t'aident à expliquer aux aveugles que, chaque mois de cette année 1917, les rumeurs traîtresses et pacifistes prennent un peu plus de consistance, se murmurent, s'infiltrent : c'est le poison qui cherche à intoxiquer les masses ; ce sont les vipères allemandes qui sifflent ; ce sont les tribuns du déshonneur qui haranguent l'auditoire ;

ce sont les sicaires soudoyés qui font leur œuvre.

Et quels sont-ils donc ces démolisseurs de la France, ces pacifistes à outrance, ces porte-paroles du kaiser ?

Tout simplement des hommes salariés, audacieux et tarés, des politiciens sans cœur et sans honneur, des journalistes corrompus et de mauvaise foi, parfois des publicistes condamnés plusieurs fois à la prison pour escroqueries. Il en est un dont le nom est sur toutes les lèvres et qui s'est signalé depuis des années comme un chevalier d'industrie. Il en est un autre... Bref, passons sur ce tableau des horreurs nationales... C'est trop répugnant de rester sur ce charnier !

Ami, voilà les démoralisateurs de l'arrière et du front ; voilà les propagandistes de la paix à tout prix, à n'importe quelles conditions ; voilà les misérables ; voilà les traîtres !

Et toi, soldat français, un brave type comme toi, tu prêterais une oreille complaisamment attentive aux propos de cette bande de malpropres et de Judas ? Tu te laisserais contaminer par une pareille vermine ?

Non ! jamais !

Pas de loups dans la bergerie !

Arrière les émissaires pacifistes, les traîtres et les vendus !

C'est le cri de l'âme française !

Il faut donc, selon cette belle parole de M. le

Président de la République, pousser la guerre « si longue qu'elle puisse être, jusqu'à la défaite définitive de l'ennemi et jusqu'à l'évanouissement du cauchemar que la mégalomanie allemande fait peser sur l'Europe ».

* *

XI. Qui doit payer la casse ? Et comment ?

La guerre nous ayant été infligée par l'Allemagne avec la complicité de l'Autriche, et, de plus, ayant été par elles conduite d'une manière monstrueuse, ces nations doivent, en toute équité, payer les frais et les dégâts du conflit qu'elles ont déchaîné.

Les seules dépenses de guerre s'élèvent, chez nous, à 90 milliards actuellement. Quant aux ruines, il est maintenant impossible de fixer à quelle valeur pécuniaire elles se chiffrent. On sait qu'il y a 750 villes et 2.250 villages abominablement dévastés et des terres bouleversées sur plusieurs milliers de kilomètres carrés.

L'Amérique n'a pas été envahie, l'Amérique est riche. Elle peut donc ne vouloir ni territoire, ni argent, ni quoi que ce soit. C'est son affaire et c'est son droit. Mais nous, les divers alliés d'Europe, qui subissons l'orage meurtrier et destructour depuis trois ans, nous ne pouvons et ne devons pas causer comme les Etats-Unis. C'est l'évidence même.

Avoir la main douce avec les deux nations de proie et faire de la sentimentalité, ce serait jouer le rôle de dupes et de parfaits imbéciles. Ce serait encore commettre le crime de haute trahison. Car il ne sied pas, sans engendrer un acte malhonnête et antinational, de faire régler les frais aux innocents de la catastrophe, aux victimes déjà assez malheureuses d'avoir subi cette avalanche destructive. Je veux désigner sous ce nom de victimes, et tout particulièrement, la France, la Belgique, la Serbie et le Monténégro qui sont certes les plus éprouvées.

La justice exige impérativement que la réparation soit l'œuvre des agresseurs et qu'elle soit intégrale dans la mesure du possible.

J'ai dit « dans la mesure du possible ». C'est qu'en effet la perfection n'existe point ici-bas, c'est qu'évidemment il est des pertes irréparables, notamment les vies humaines fauchées, les corps mutilés, les richesses historiques ou artistiques pulvérisées (ainsi la cathédrale de Reims). Les territoires réunis de tous nos ennemis ne suffiraient pas à compenser équitablement le dommage de tant d'êtres broyés, à laver la multiplicité des infamies commises. Les assassinats au surplus ne se monnayent pas.

Mais les dépenses de la guerre, les pensions à servir aux estropiés, aux veuves, aux orphelins, le relèvement des ruines, etc... tout cela doit incontestablement être compensé. Le principe des réparations civiles est à la fois de droit naturel et de droit écrit. Il n'est pas inscrit que dans le Code civil français (article 1382), il l'est aussi dans toutes les législations du monde.

L'Allemagne et l'Autriche ne devront pas se borner à régler la casse, elles devront encore restituer ce qu'elles ont volé (Sleswig-Holstein, Pologne, Istrie, Bosnie-Herzégovine, etc...). *A nous Français, l'Empire germain devra rendre :* 1° *L'Alsace-Lorraine,* c'est-à-dire la province dont il nous a amputés ; 2° *Cinq milliards en or,* soit la somme qu'il a soutirée de notre pays à titre d'indemnité de guerre.

Ce n'est pas tout.

L'Allemagne ayant bénéficié à nos dépens de l'argent par elle emporté et du territoire par elle ravi, par suite nous en ayant privés depuis 46 ans, il va de soi que, pour être complète, donc équitable, la restitution devra être majorée des intérêts de ces cinq milliards et des revenus de cette province.

Pour l'argent, le calcul est facile à établir. Cinq milliards, à intérêts non composés, sur le pied de cinq pour cent par an, pendant quarante-six ans, représentent une perte de douze milliards cinq cents millions. Capital 5.000.000.000 + intérêts 12.500.000.000 = 17.500.000.000 au total.

Pour les fruits industriels, fonciers, agricoles ou autres de l'Alsace-Lorraine, on peut les évaluer à un milliard par an si on table sur ceux de la France et sur ce fait que la dite province est le vingtième de la France. Donc, pour 46 années, 46 milliards dont nous avons été dépouillés.

Enfin les Pouvoirs Publics auront à examiner si, en sus du paiement des frais de guerre, en sus de la réparation des dommages matériels, en sus de la restitution en principal et intérêts des choses volées, il ne conviendrait pas de réclamer encore une indemnité pour préjudice moral.

Si j'étais chargé des négociations, je n'agiterais pas cette sonnette. Ci-devant j'ai dit, en effet, qu'on ne monnayait pas la souffrance et la mort. Ce n'est pas l'avis général, je le sais.

Devant un prétoire, on peut décemment demander, et en certains cas seulement, des dommages-intérêts pour préjudice moral ; mais, en l'espèce, il faut s'en abstenir. Ceux-ci, au surplus, chiffrassent-ils, seraient tellement dérisoires en proportion des deuils et tellement incapables de réparer ce gigantesque mal que, pour ce deuxième et secondaire motif, mieux vaut ne rien demander de ce chef. Qu'on se limite donc à exiger la complète compensation matérielle et ce n'est déjà pas rien !

Mon cher soldat, tu vas assurément me dire : « réparation et restitution, c'est légitime, c'est admis ». Car il n'existe pas deux morales, l'une pour les nations, l'autre pour les individus. Il n'en est qu'une seule : restituer la chose volée, réparer le mal fait. Mais, en malin que tu es, tu vas ajouter avec le sourire et à l'instar du bon Lafontaine : « Il ne faut pas vendre la peau de l'ours avant de l'avoir tué ! ». Oui, ami, c'est vrai. Et je l'ai vendue son prix, cette peau, alors qu'elle n'est point du tout décidée à se livrer, à se faire prendre... J'ai anticipé. Mais il faut prévoir. Ce n'est pas au moment où le canon ne tonnera plus qu'il faudra se dire : « Tâtons-nous le pouls. Qu'allons-nous faire ? » C'est dès maintenant qu'il faut réfléchir au lendemain pour ne pas être pris à l'improviste, pour ne pas être imprévoyants et donc victimes de l'impréparation. Nous n'allons pas, je suppose, recommencer les bêtises d'antan ? Tu sais, on y songeait si peu au conflit européen, on s'en désintéressait tant ! Alors on oublia la Défense nationale... et, patatras, le 2 août 1914, hein ? tu sais la suite !

Donc causons de la victoire comme si on la tenait. Du reste est-ce qu'on ne la tient pas, partielle tout au moins ? Tu l'as dans ton courage, tu l'as dans ton endurance, tu l'as dans ton cœur. Donc tu la tiens bien. La France, le monde, ont confiance en toi. Avec raison certes. Déjà tu as dompté l'animal ; tu arriveras bien à saisir sa carcasse. Seule ta défaillance empêcherait la victoire complète. Or, tu sais le complot habile et perfide fomenté par les agents des Boches, tu sais leur campagne émolliente menée pour te décourager, te faire déposer les armes. Mais, être intelligent et réfléchi, tu n'entends pas te laisser prendre au miroir à l'égal d'une alouette ! Donc je considère la partie comme définitivement gagnée ; aussi ai-je envisagé les principes directeurs et posé les bases de la solution du conflit.

Peut-être vas-tu encore m'objecter (par tempérament j'aime les objections pour avoir le plaisir de les réfuter), peut-être, dis-je, vas-tu encore m'objecter : « Il ne faut pas se leurrer. D'une Allemagne ruinée par la guerre, il ne sera guère possible d'obtenir quelque chose ; force sera de se contenter du retour de l'Alsace-Lorraine et d'un traité raisonnable aux termes duquel la Bochie ne pourra plus avoir d'armée et plus fabriquer d'engins de mort ».

Permets... je ne suis pas de cet avis. Abattre le militarisme prussien, destituer les Hohenzollern et prendre des dispositions telles qu'un nouveau conflit armé devienne impossible, qu'aux contraintes de la force soient désormais substitués le droit et la justice, c'est d'une nécessité qui s'impose. Donc, en Allemagne et même en Autriche, à l'avenir, plus de marine militaire, mais seulement une marine marchande; plus de service militaire et plus d'armée permanente, mais une forte gendarmerie pour le maintien de l'ordre à l'intérieur; plus d'usines à munitions, à canons, à mitrailleuses, à zeppelins, à sous-marins; plus d'arsenaux et de forteresses; par contre, le démembrement de la confédération germanique et l'autonomie de ses divers royaumes sans suzeraineté de la Prusse.

Autant de dispositions sages.

Mais si le traité de paix se limitait à ce libellé, la déception serait amère. Ta soif de justice, celle de nos concitoyens et celle de nos alliés ne seraient point étanchées si on se contentait de si peu. Ne me sers pas le proverbe: « Où il n'y a rien, le diable perd ses droits! » Ne me dis donc pas : « Il ne faut pas se leurrer. D'une Allemagne ruinée par la guerre, il ne faut rien attendre comme réparation. *Dédommager, compenser, elle ne le pourra pas!* » Erreur, mon cher, erreur! Car *il y a bel et bien de l'avoir, un avoir considérable,* malgré que les finances boches et autrichiennes soient anémiées par les frais de la lutte et qu'un crac formidable soit possible après la défaite.

Je te concède qu'à la signature du traité de paix, lorsque nos mandataires présenteront la « carte à payer » (actuellement ils ne connaissent que la « carte de sucre » et la « carte de charbon! ») cette « carte à payer » ne pourra pas l'être en une seule fois comme on boit un verre d'eau d'un seul trait ou comme un notaire fait un testament « sans désemparer » en la présence « ininterrompue » des témoins. Cinquante ans, plus peut-être, seront nécessaires pour achever le règlement. L'essentiel est que nous soyons indemnisés, fût-ce petit à petit ; que nous récupérions nos pertes. Même raisonnement pour la Belgique, la Serbie, etc... Nul n'est assez simple pour croire à un paiement intégral immédiat, d'autant plus que nous ne faisons pas une guerre de conquêtes, mais une guerre de défensive pour assurer notre existence nationale et asseoir le droit, la paix et la justice ; qu'en conséquence nous ne voulons pas nous payer avec la Bade, la Bavière, la Saxe ou le Wurtemberg, c'est-à-dire avec des territoires, ce qui, en l'espèce, serait l'unique moyen d'être réglés d'un seul coup. Donc, n'entendant pas employer la seule méthode rendant possible le paiement immédiat, nous n'avons qu'à savoir prendre patience et encaisser des acomptes périodiques.

Reste à savoir si, en un demi-siècle ou davantage, nous pourrons récupérer ? Reste aussi à savoir si, dès la fin de l'antagonisme sanglant, nous pourrons déjà obtenir un important acompte à valoir sur nos droits ?

Sans crainte d'un démenti, je réponds avec assurance : Oui ! certainement !

Et voici sur quelles bases solides est fondée cette affirmation :

La fortune publique de l'Allemagne est évaluée à 400 milliards (minimum) ; celle de l'Autriche à un chiffre sensiblement égal.

Nos deux principaux adversaires peuvent donc réparer solidairement le mal qu'ils ont fait, et à lui seul, l'Empire allemand suffirait à cette tâche malgré ses sacrifices pécuniaires et le crac financier qui le guette.

Les alliés n'en sont pas réduits à des annexions pour avoir paiement et ce n'est du reste pas leur but. Ils ont, par tous leurs gouvernements, maintes fois proclamé leur volonté de ne pas conquérir.

Pratiquement, comment nous faire payer, nous et nos frères d'armes ?

Comment ? C'est d'une simplicité enfantine.

En argent et en nature.

Telle est la clef du problème.

Tu désires sans doute des explications ? Aie de suite satisfaction, mon ami. *Fiat lux !*

— En faisant relever nos ruines et les ruines belges, serbes et roumaines par des travailleurs et avec des matériaux de chez les Empires centraux ;

— En exigeant du bétail pour refaire vigoureux notre cheptel national ;

— En exploitant les forêts d'outre-Rhin comme

contre-partie de celles qu'ils ont rasées dans les pays envahis ;

— En vendant au profit des défenseurs du droit et plus spécialement au profit des mutilés et pensionnés pour blessures, les biens ennemis qui se trouvent en pays alliés ;

— En prélevant à jets périodiques une quotité déterminée des impôts allemands et autrichiens et des recettes diverses (douanes, amendes, chemins de fer, assurances, revenus domaniaux des Etats, monopoles, etc.);

— En nous faisant verser les sommes annuelles correspondant au montant intégral du budget supprimé de la guerre et de la marine, puisque les Austro-Boches n'auront plus de flotte militaire et plus d'armée;

— En nous faisant restituer les valeurs de Bourse, les objets d'art, les meubles, l'outillage et les matières premières qu'ils ont transportés chez eux ;

— En exigeant la livraison d'un machinisme perfectionné susceptible de remédier à la main-d'œuvre disparue et consistant notamment en chaudières, turbines, dynamos, tuyaux, accumulateurs, machines agricoles, locomotives et wagons ;

— En prélevant des navires de guerre et des navires marchands pour remplacer les bateaux que les pirates ont coulés (paquebots, cargos, remorqueurs, chalutiers, chalands, navires marchands de gros et de petit tonnage, flotte de guerre) ;

— En gardant les prisonniers teutons jusqu'au jour où ils auront remis les terres en bon état de culture ;

— En obligeant les villes ainsi que les villages d'Autriche et d'Allemagne à réédifier à leurs frais les villes et les villages détruits par les Huns modernes en France, en Belgique, en Serbie et ailleurs. Plusieurs villes ennemies auraient ensemble charge exclusive de la reconstruction d'une ville anéantie ; de même une agglomération de villages ennemis serait tenue de rebâtir un village incendié ou bombardé ;

— En extrayant du sous-sol d'outre-Rhin tout ou partie des richesses considérables qu'il renferme : gisements de potasse, de houille et de fer.

Tu l'as vu. Le problème à solutionner, si complexe qu'il apparaisse, n'est, au fond, pas difficile à résoudre. Point n'est besoin de sortir de Polytechnique ou d'être un diplomate de carrière. Des gens pratiques, ayant du bon sens et l'expérience des affaires, réussiront à merveille alors que tous les phraseurs de la politique en seront incapables.

Pour me résumer :

1° *L'Allemagne et l'Autriche doivent payer* *(question de justice et de moralité);*

2° *Elles peuvent payer (question de possibilité en fait);*

3° *Les règlements auront lieu, partie en argent, partie en nature (question de temps et question de moyens).*

Le traité de paix avisera aux méthodes de les y contraindre.

Pour cela, il faut une victoire vraie, complète, et non pas une paix boiteuse, une cote mal taillée, une partie nulle.

Peut-être vas-tu me faire encore une objection...

Va !

Je te devine... Tu vas me dire : « Ne saignons pas ces brigands. Soyons généreux ! soyons bons princes ! »

— *Non ! jamais !*

Le peuple Allemand et le peuple Autrichien se sont solidarisés avec leurs gouvernants ; ils sont donc complices des crimes de leurs dirigeants ; et puis les soldats se sont signalés tout aussi bien que les chefs par la cruauté sanguinaire ; les socialistes allemands de la Social-Démocratie ont emboîté le pas et leurs élus ont voté tous les crédits de guerre. Seul Liebknecht a protesté contre le conflit voulu et préparé par l'Allemagne.

Tous les Austro-Boches se sont unis dans le brigandage, y ont effectivement collaboré. S'ils avaient vaincu, tous auraient profité de la victoire. Du moment où ils seront défaits, tous devront subir le châtiment. Ceux donc qui t'incitent à leur faire grâce, à te montrer magnanime, ce sont des agents à leur solde. Ils te prennent pour un benêt. Ce qui démontre qu'ils te connaissent bien peu et sont de piètres psychologues...

Traiter le loup battu en agneau, ce serait se faire dévorer à belles dents au bout de quelques années, quand il aurait réparé ses forces.

Non ! ne soyons pas si candides !

Le verdict moral du monde qui cloue l'Allemagne au pilori de l'humanité importe fort peu à cette nation sans honneur. Lui parler d'infamie resterait un langage incompris. Lui parler de force, oh alors ! oui ! pour elle ce sera compréhensible ! Or, la force, quand elle aura donné la victoire, on la lui servira alors de même qu'elle nous l'a servie !

Si ces gens-là avaient triomphé en 1914 comme ils en étaient bien certains, ils nous auraient arraché le Maroc, l'Algérie, la Tunisie, la Franche-Comté et les départements du Nord, sans compter un traité onéreux de commerce, des indemnités périodiques et *tutti quanti* d'avantages en leur faveur !

Et nous, qui pouvons faire payer la note aux agresseurs, aux bandits, nous nous résignerions à la solder nous-mêmes ? Nous assumerions un tel fardeau ? Trop lourd pour les épaules austro-boches, il serait léger aux épaules franco belges !

Ce serait monstrueux !

Nullum peccatum sine pena.

Après la guerre il nous faudra continuer à faire bien attention : il y aura lieu de tenir notre vigilance en éveil pour assurer par le plein l'exécution du traité de paix (décembre 1917) et ne plus permettre à la vermine boche une nouvelle infiltration chez nous, soit ouvertement, soit sous un faux-masque (naturalisations suisses, hollandaises ou autres) ; il importera également de cesser les luttes fratricides qui épuisent en désunissant. Une France régénérée, forte, puissante, ah ! ce sera l'achèvement de l'expiation germanique !

*
* *

XII. Les leçons de Russie.

La Révolution russe est un événement heureux en ce sens qu'elle vaut ou vaudra au grand peuple européen oriental la liberté civique, la liberté religieuse, le progrès matériel et moral : tout autant de biens extrêmement précieux que ce peuple a méconnus sous l'autocratie du tsarisme.

Mais elle est un événement malheureux en ce qu'elle a semé le désordre et engendré l'anarchie tant dans l'armée que dans la population. Et ce, hélas ! à une époque d'envahissement, donc à un moment où les fils de la même Patrie ont plus que jamais besoin d'être unis pour refouler les agresseurs.

Si donc d'une main je salue la Révolution, de l'autre je me couvre...

En tout temps et surtout à cette époque effroyable, devant l'ennemi, quand la place est assiégée, quand une nation joue son existence matérielle et morale, je trouve abominable l'émeute dans la rue, atroces la désertion et la révolte dans la troupe.

Ces Russes ont un ministre de la guerre (Kerensky) et plusieurs généraux qui sont des hommes remarquables et à vigoureuse poigne, mais tel est le bouleversement militaire et social que ces chefs d'élite sont débordés.

Ah ! les Allemands ont beau jeu ! Ils exploitent le désarroi de leurs adversaires, profitent de la désertion qui sévit et de l'indiscipline qui empoisonne l'armée, l'anémie et l'épuise. En sorte que les Russes sont victimes de leurs propres fautes.

Hélas ! ce ne sont pas les seules victimes ! Nous aussi, les Alliés, nous pâtissons de ce grand désordre. Nous aurions moins de forces contre nous si la Russie faisait son devoir et nous soulageait un peu plus. Certes elle le pourrait. D'une part, en effet, sa population s'élève à cent soixante millions d'habitants, d'autre part les États-Unis et le Japon lui fournissent du matériel et des munitions en quantité suffisante pour frapper un coup terrible.

Des événements, mon ami, il convient de dégager les leçons ; ils sont fertiles dans leurs enseignements.

Sans discipline, une armée n'a pas de puissance effective et ne peut fournir le rendement qu'on est en droit d'attendre d'elle. Ce qui se passe là-bas en fournit une lumineuse démonstration.

Donc obéir aux chefs et plier au lieu de raisonner, de discuter, de faire la mauvaise tête. Telle est la première moralité à tirer des événements de Russie.

Il en est d'autres. Je vais les dégager aussi, celles du moins qui sont relatives au sujet présentement traité.

Dans le mouvement populaire et militaire de Russie, il y a quelques milliers de perturbateurs conduits par des meneurs criminels, Lénine entr'autres. Ces chambardeurs de l'ordre public sont dénommés « les maximalistes ». Jadis ils s'appelaient « les nihilistes ». Ce mot a disparu.

Que sont exactement les maximalistes ? Des démolisseurs de leur Pays agissant en étroite coopération avec les instigateurs du désarroi, c'est-à-dire avec les agents secrets de l'Allemagne et fomentant l'opposition, favorisant les menées boches, semant l'insurrection dans la rue et la désobéissance au front quand ce n'est pas la désertion par surcroît. Ce sont encore des exploiteurs de fraternisation et des passions autonomistes qui bouillonnent dans la vaste Russie. Egorgeurs de leur Patrie éprouvée, ils remplissent un rôle néfaste et seront maudits de leurs concitoyens le jour où ceux-ci enfin éclairés sur la perfidie de leurs manœuvres, verront et comprendront nettement leur jeu. En attendant ils sont dangereux, d'abord parce que les chefs de leur conspiration ont de l'or allemand et ne reculent devant aucun moyen malhonnête, ensuite parce que ces meneurs se sont habilement glissés partout : à la Douma, dans le Soviet, dans les syndicats d'ouvriers et de soldats, dans les comités, dans les assemblées.

Ces faits montrent la main de l'Allemagne et l'étendue du travail de désorganisation entrepris par cette nation en Russie comme ailleurs.

Avant l'abdication de Nicolas II, les Boches avaient des ramifications à la Cour du tsar; depuis la chute de cet empereur ils en ont plus encore dans les éléments avancés de la Révolution. Comme quoi *l'Allemand est à la fois un organisateur et un corrupteur d'envergure.*

Si les hommes d'ordre, dévoués au bien public, n'arrivaient pas à réagir avec succès, la Russie n'aurait pas traversé une période passagère de faiblesse; elle aurait tout simplement secoué le tsarisme absolu pour s'asservir au joug plus dur du despotisme germanique.

Du moment où l'Empire teuton, si rigoureux observateur et praticien *chez lui* de la discipline civile et militaire, s'applique à la détruire chez ses ennemis, c'est la preuve que *le secret de sa force réside en cette discipline* de ses armées et aussi de ses populations.

Prends en note, ami. Médite. Certes la guerre est fertile en enseignements.

Si tu n'agis qu'à ta guise, si tu ne marches que quand bon te semble, si tu sèmes l'esprit d'insubordination, c'est chez nous une affaire russe en perspective, c'est la joie des Empires Centraux et leur planche de sauvetage, c'est le malheur audevant duquel tu te précipites tête baissée en entraînant dans le ravin le Pays avec toi...

De grâce, songe à la gravité de ton geste et à ses conséquences !

Il y a déjà trop de Russes pour pétrograder !

*
* *

CONCLUSIONS

Debout les endormis et les démoralisés !
Le cadenas aux propos déprimants !
Les lorgnons aux yeux atteints de myopie !

Savoir déjouer les intrigues.

Obéir aux Chefs.

Tenir pour la civilisation contre la barbarie, pour la liberté contre l'autocratie et le militarisme prussien, pour nos foyers et pour nos biens.

Ecraser la bête. Avoir sa peau.

Ce sont des Français indignes, des êtres misérables, des citoyens profondément méprisables et méprisés, ceux qui favorisent les menées boches et se disent prêts à tendre une main fraternelle aux bandits de la Germanie dont les crimes nécessitent pourtant une juste sanction. Ah ! quelle tare honteuse pour eux et les leurs ! Quelle marque d'infamie et quelle flétrissure !

Ces gens-là, qui se sont à jamais déshonorés et devraient être invités à quitter notre sol pour se faire naturaliser Prussiens, se feront, jusqu'à leur mort, jeter leur indignité à la tête !

Ce sera de la justice immanente...

De même que sera de la justice distributrice celle qui exigera la réparation des dommages causés par les Allemands et que sera de la justice vindicatrice celle qui prescrira la punition tant de l'agression inique que de la manière abominable dont la guerre a été menée par ces sacripants terroriseurs.

Je ne sais plus quel personnage a prononcé cette phrase qui a fait le tour de la presse et qui est restée gravée dans les esprits : « La victoire appartiendra à celui qui tiendra un quart d'heure de plus ».

Or, les propos criminels *démoralisent* à l'arrière et à l'avant. *Ils résonnent joyeusement à Berlin.* Ils produiraient le quart d'heure de moins... Et tu serais vaincu.

Allons ! Ne sois pas défaitiste ! Cesse de prononcer de détestables sophismes ! *Relève les courages au lieu de les abattre ! C'est un devoir sacré* auquel la Patrie te convie. A cet effet elle fait appel à ce qu'il y a de meilleur en toi : ton cœur. Seras-tu sourd à ses supplications ?

Et puis, laisse-moi terminer par ce conseil d'ami : dans ton terrier humide et boueux invoque Dieu à ton secours. Il te protégera. Car le canon n'est pas tout... Vois plus loin ! Vois plus haut !

Il y a deux mois environ, Mgr l'évêque Tissier, de Châlons-sur-Marne, prononçait ces justes paroles :

« J'entends bien dire qu'on forge des canons de plus en plus lourds ; qu'on entasse au front des munitions de plus en plus abondantes et meurtrières ; qu'on lève chaque jour de nouvelles recrues d'hommes ; que nos soldats légendaires versent à plein cœur, sous les rafales de mitraille, leur sang prodigue ; que les alliés qui nous viennent des bouts du monde autorisent pour demain tous les espoirs. Mais personne ne m'apprend, hélas !

que la France, enfin agenouillée, réclame le seul Allié qui lui manque et sans lequel, dans un pays tout plein de surnaturel comme le nôtre, on ne peut vraiment rien de décisif. Pensons pourtant que l'heure du *Te Deum* pourrait bien être retardée, dans les secrets divins, jusqu'après le chant du *Credo* des aïeux ».

Ce n'est que trop vrai. Il faut que la France demande pardon de ses fautes à Dieu qu'elle a outragé, bravé, renié. Un acte de Foi chrétienne ferait cesser le carnage. Le Christ est prêt à nous ouvrir ses bras, à nous sauver, car il nous aime. Et tant que nous refuserons de ployer devant Lui le genou, nous continuerons à souffrir. Tu me comprendras mieux, ami, en novembre et en décembre de cette année 1917. Tu percevras alors distinctement la nécessité du secours de Dieu. Tu comprendras que les peuples et les armées doivent compter avec Lui. Tu saisiras aussi que le fléau de la guerre est la punition des crimes, de la perversité et de l'apostasie. Les nations, en s'entredéchirant, se châtient mutuellement, les unes par les autres, de leurs fautes graves envers le Seigneur qui permet cela pour leur bien moral, pour leur relèvement.

Voilà qui est bien obscur pour toi si peu instruit de la doctrine catholique. Qui sait? Peut-être vas-tu dire : « C'est étrange ! » Peut-être même vas-tu t'écrier : « C'est absurde ! Quel est donc l'imbécile qui a écrit pareille stupidité ? »

Grogne un coup après moi si cela te soulage. Je n'y vois pas d'inconvénient, c'est l'exercice de la liberté !

Je te donne rendez-vous aux mois prochains de novembre et de décembre; fais-moi crédit jusque-là. Ne prononce pas de jugement de débouté pour le moment. Attends et confiance ! A cette époque, tu verras clair !

En attendant, élève ton âme vers le ciel. Te rappelant la douce mère qui t'a aimé, qui a guidé tes premiers pas, ouvert ton intelligence à la vérité, mis la foi dans ton cœur et la prière sur ta bouche, prononce avec espoir, pendant tes épreuves poignantes, cette humble supplication de Judith :

« Seigneur, notre Dieu, fortifiez-nous et raffermissez notre courage. En ces jours mauvais, venez à notre secours et bénissez nos efforts. Relevez votre peuple de prédilection et délivrez-le de ses ennemis ».

Tu pourras ajouter de temps en temps cette invocation : Sainte Vierge Marie, ayez pitié de nous !

Point n'est besoin d'être bigot, mon cher, pour dire et répéter ces prières avec confiance, surtout quand on est au danger, quand on est guetté par la mort. Songe à ton âme, ô ami. Prie. Et, je te l'affirme, tu te sentiras meilleur, tu te sentiras plus à l'aise, tu te sentiras plus fort !

DEUX BONS LIVRE

pour les gens sérieux et studieux que le problème de nos destinées intéresse :

La Faillite de Dieu ? par Léon GALLOIS. L'auteur démontre magistralement l'existence du Créateur, la Divinité de J.-C., la certitude des dogmes (1 vol. de 600 pages, 4 fr., au *Petit Patriote*, 14, rue de l'Abbaye, Paris, VIe).

Le Chef-d'œuvre humain, étude médico-philosophique du Dr GUILLEMIN, chirurgien à Paris, 16, avenue de l'Alma. Prix : 3 fr. 75. C'est la démonstration médicale de l'absurdité de l'athéisme.

Lire ces deux ouvrages remarquablement conçus, bien écrits et solides.

LE PETIT PATRIOTE

JOURNAL HEBDOMADAIRE PARISIEN

dit la vérité, toute la vérité

Lis ça soldat !

14, rue de l'Abbaye, PARIS. — 5 fr. par an

DU MÊME AUTEUR :

A quoi et quand vaincrons-nous ? 2ᵉ édition, volume, franco . . . . fr.

Réfutation des treize rumeurs infâmes contre clergé français, 2ᵉ édition, 1 vol., franco . . . 1 fr.

Contre le Cinéma, école du vice et du crime.
Pour le Cinéma, école d'éducation, moralisation et vulgarisation. 1 vol., **3 fr.** (Port, 0 fr. 40.

En vente *chez l'auteur, à Champagnole, 77, Grande-Rue.*

A répandre au front la grosse brochure de Santo, 131, rue de Vaugirard, Paris (15ᵉ) :

CONTRE LE CAFARD

1 franc

Elle m'arrive au moment du tirage.

Conçue très différemment de la mienne, elle n'est pas moins utile.

C'est un coup de clairon qui sonne juste et clair des airs d'espérance et de réconfort

E. P.

Imprimerie DODIVERS, Besançon.